No Dejes De Soñar, Abby

Escrito por Milena A. Nemecio

Ilustrado por Sarah K. Turner

ola
PUBLISHING
INTERNACIONAL

ISBN: 978-1-63765-240-4

ola
PUBLISHING
INTERNACIONAL

Hola Publishing Internacional
www.holapublishing.com

Impreso y encuadernado en los Estados Unidos de América

A mi esposo Pedro, por su amor y apoyo.
A mi hermanita Keila, no dejes de soñar.
A mi familia por su cuidado y amor.

Los sueños de Abby siempre fueron grandes, divertidos y, a veces, demasiado extravagantes. Ella contaba historias más grandes que la imaginación de otros. Ella jugaba, reía y hacía cosas graciosas para hacer sonreír a otros. A veces un poco demasiado.

"Abby, presta atención", decía la maestra. "¡Ups, lo siento!".

Tratar de concentrarse en la escuela siempre fue un reto. Apenas podía prestar atención. Tan pronto como la maestra comenzaba la lección, Abby notaba que Sammy tenía zapatos nuevos, o cómo el reloj hacía un tic-tac mientras contaba los segundos. Luego, sus ojos se dirigían a la ventana.

Mientras miraba el aire libre, se vio a sí misma corriendo a través de la hierba alta, saltando alto y sobre cualquier obstáculo. Se imaginó estar en una carrera mientras cruzaba la línea de meta. Mientras un avión volaba por delante, se imaginó a sí misma volando a grandes alturas para ver el mundo y sus maravillas.

"¡Abby!", exclamó la maestra. Las risitas llenaron la habitación. "Lo siento", dijo Abby.

"¿Por qué no prestas atención?", "Eres bien distraída", "No seas perezosa, Abby", le repetían sus padres todos los días. "¿Por qué no puedes ser bien portada?", le preguntaron. "No sé, quiero ser buena, de verdad", respondió con tristeza.

Abby!

Abby tenía problemas para hacer amigos en la escuela, y cuando lo hacía, era muy difícil para ella mantener amigos. Los otros niños pensaron que era rara. Muchas veces decía cosas completamente diferentes a las que hablaba el grupo.

A veces decía cosas incorrectas que a otros no les gustaban, pero sólo porque no sabía que estaban mal. Eso hizo que los otros niños no quisieran hablar ni jugar con ella.

Ella trataba de disculparse. "Oh, no quise decir eso. Sonaba diferente y bien en mi cabeza". Pero sus compañeros no la escuchaban.

Su habitación nunca estaba en orden. No era perezosa, simplemente no podía organizarse. Mamá le llamaba la atención por esto. Siempre se olvidaba de dónde ponía los zapatos y eso la hacía llegar tarde a la escuela. Perdía su mochila y sus tareas, y eso la metía en problemas en la escuela.

Abby empezó a odiar la escuela. Nadie quería jugar con ella. La maestra a menudo la describía como muy inteligente, pero muy distraída. Le diría a Abby que le iría mucho mejor si sólo prestara atención, hiciera su trabajo y dejara de soñar en clase.

Sus calificaciones no eran excelentes, como las de su hermana mayor. Abby deseaba ser inteligente, como ella.

Su hermana recibía premios, Abby recibía castigos.

Comenzó a sentirse diferente, comenzó a sentirse sola. Se preguntó por qué todo era tan fácil para su hermana y todos los demás niños. Deseaba ser como ellos. Deseaba ser normal.

Un día la enviaron a conocer a una persona especial en la escuela. Abby estaba nerviosa, porque pensó que estaba en problemas nuevamente.

Pero cuando entró en la habitación vio a una señora sentada en una silla, con una sonrisa cálida y acogedora.

Su nombre era Sra. Robinson y dijo que estaba allí para ayudar a Abby.

La Sra. Robinson sentó a Abby en una silla y hablaron por unos minutos. Luego, la Sra. Robinson comenzó a hacer preguntas y necesitaba que Abby respondiera lo mejor que pudiera.

"¿Te gusta la escuela?", preguntó.

"A veces", respondió Abby.

"¿Tienes amigos?".

"No".

"¿Cómo te sientes por no tener amigos?".

"Sola".

Por último, la Sra. Robinson preguntó: "¿Crees que eres inteligente?".

Abby no se sentía inteligente. "No", respondió ella.

La Sra. Robinson se acercó y le dijo a Abby: "Eres una niña inteligente, dulce y muy imaginativa".

Abby no es una niña mala, y tampoco es una niña boba. Abby tiene algo que se llama TDAH. El TDAH hace que Abby olvide cosas, diga cosas incorrectas y la hace soñar despierta todo el tiempo.

"¿Pero eso significa que nunca seré como los otros niños, ni prestaré atención, ni seré normal?", Abby preguntó, realmente preocupada.

"Nadie es normal", respondió la Sra. Robinson con una voz dulce. "Todos somos diferentes, cada uno con sus propias cualidades".

"Tienes TDAH, Abby, pero eso no te impedirá alcanzar tus metas. Eres pequeña, pero nunca temas enfrentarte al mundo y sus obstáculos. Eres diferente, pero que nunca te dé miedo ser tú misma. Tu mente es grande, así que nunca dejes de crear. Tu imaginación es más grande, así que no dejes de soñar. Vas a hacer grandes cosas. No dejes de soñar, Abby."

La Sra. Robinson frecuentemente trabajaba con Abby a solas. Ella le daba cosas divertidas para hacer que la mantuvieran ocupada y la ayudaran a aprender. Jugaban juegos con matemáticas y ciencias, y pronto, Abby estaba recordando cómo resolver problemas y encontrar respuestas.

Un día, la Sra. Robinson la llevó a un lado y le dijo: "Abby, eres una guerrera tan fuerte y amable. Tengo para ti una misión. Tienes misiones que completar aquí en la escuela y en casa. Harás tu tarea, limpiarás y encontrarás lo que se ha perdido, y una vez que sientas que olvidas cuáles hacer, me tendrás para que te lo recuerde. Tus padres también lo saben. No estás sola y al final vencerás.

Todos los días, Abby completaba tareas que nunca pudo hacer antes. Seguía rutinas y le iba mucho mejor en la escuela. Completó todas las misiones encomendadas. Y se sintió bien lograr lo que antes parecía tan difícil para ella.

A medida que pasaba el tiempo, Abby recordó lo que había hecho. Cada paso del camino fue una sorpresa para ella, pero estaba feliz por haber superado todos los obstáculos.

La Sra. Robinson había dicho que su TDAH no era un obstáculo, sino un camino diferente en su viaje por la vida. Demostró que era fuerte y valiente para seguir adelante y alcanzar sus sueños.

"¡No dejes de soñar, Abby!"